Marie-Hélène Laugier
Illustrations de Vivilablonde

Cahier pratique

Pour... se réaliser grâce à la PNL

EDITIONS ESI

Se réaliser grâce à la PNL…

Coincés entre des croyances souvent erronées et des attitudes qui nous desservent, focalisés sur nos problèmes et persuadés que nous ne sommes « pas capables », nous avons parfois le sentiment de passer à côté de notre vie ou de ce que nous sommes. Et s'il existait un « mode d'emploi » qui nous permette de nous débarrasser de nos idées parasites et pensées négatives, de changer certains de nos comportements, de gagner en assurance et d'échanger davantage ?

Au carrefour de la psychologie, de la linguistique et de la neurologie, la programmation neurolinguistique, ou PNL, est une approche avant tout orientée vers l'action et les résultats, qui nous donne les clés pour percevoir autrement « la réalité », comprendre comment nous fonctionnons et modifier les mécanismes inconscients auxquels nous obéissons, afin de mieux communiquer, de nous affirmer et d'aller vers plus de bien-être.

Grâce à des techniques simples, et parfois ludiques, applicables au quotidien, nous pouvons tous donner le meilleur, développer le formidable potentiel qui se trouve en chacun de nous, réaliser nos rêves et vivre en harmonie avec nous-mêmes, l'autre et le monde !

Avant...

Virginie a du mal à communiquer... Que ce soit pour se faire comprendre, pour dire ce qu'elle ressent ou tout simplement pour véritablement écouter. D'un naturel réservé, plus par habitude que par nature, elle n'ose pas donner son avis, se laisse facilement intimider et perd vite ses moyens lorsqu'elle doit s'exprimer.

Entre un adolescent en pleine crise, avec lequel les échanges sont de plus en plus difficiles, voire inexistants, et des responsabilités accrues à son travail, où elle doit désormais animer des réunions, elle se retrouve souvent en porte-à-faux ou en conflit avec ceux qui l'entourent – *« Personne ne m'écoute jamais ! De toute façon, c'est comme ça et pas autrement ! »* – et se focalise sur tout ce qui ne va pas – *« Mais qu'est-ce que j'ai fait pour mériter ça ? »*

Pourtant, ce ne sont pas ses compétences professionnelles ou ses qualités qui sont en cause, mais bel et bien ses difficultés à communiquer. Aujourd'hui, elle est consciente que sa manière d'appréhender les « échanges » avec l'autre, et la vie en général, lui complique l'existence et risque même de la mettre face à de vraies difficultés. En fait, ce dont manque Virginie, c'est de moyens ! Un jour, une amie lui parle de la PNL...

Ouais, de toute façon, tu m'écoutes jamais !
Pas terrible, votre intervention de ce matin...

Chapitre 1

Qu'est-ce que la PNL ?

Pourquoi certaines personnes communiquent-elles plus facilement ? Pourquoi certains individus réussissent-ils la plupart de ce qu'ils entreprennent ? Pourquoi d'autres encore se réalisent-ils presque naturellement ? Cela tient peut-être en trois lettres : P, N, L !

Une approche pratique et concrète

La programmation neurolinguistique, ou PNL, étudie et décrit les mécanismes qui régissent notre manière d'appréhender la réalité, de penser et de communiquer, ainsi que les ressources que nous employons pour nous adapter et répondre à une situation. Elle s'appuie sur l'observation des comportements, l'étude du discours, l'analyse des processus d'apprentissage et le décodage de modèles d'excellence. Axée sur les résultats, elle propose différentes méthodes, pratiques et concrètes, qui permettent de mieux communiquer, de comprendre et de modifier sa façon d'agir et de penser.

Les pères fondateurs

La PNL a été créée aux États-Unis dans les années 1970 par Richard Bandler, étudiant en sciences de l'information et en mathématiques, et le docteur John Grinder, professeur de linguistique. Tous deux se sont penchés sur l'étude du savoir-faire de thérapeutes reconnus, comme Milton Erickson, Friedrich Perls et Virginia Satir, mais aussi Noam Chomsky (linguiste), Gregory Bateson (sociologue) ou Paul Watzlawick (théoricien de la communication), afin de « modéliser » leurs techniques performantes et d'identifier les mécanismes qui conduisent à la réussite.

Comment ça marche ?

Au carrefour entre la psychologie, la science du langage et la neurologie, la PNL repose en grande partie sur l'observation, l'analyse et la reproduction de modèles de comportement. Les techniques qu'elle utilise renvoient aux capacités et aux modes de fonctionnement de notre cerveau, au langage et à la structure du discours ainsi qu'aux automatismes qui conditionnent notre façon d'être et déterminent les résultats que nous obtenons.

• Programmation…

« Élaboration et codification d'une suite d'opérations formant un programme. »

(Le Petit Robert)

La PNL fait appel à notre capacité à stocker et coder des informations, afin de les utiliser dans différentes situations, tout au long de notre vie. Nous disposons tous de « programmes personnels » qui référencent nos modes de pensée et conditionnent nos comportements.

• Neuro…

« Du grec neuro*, qui signifie nerf. Lié au système nerveux. »*

(Le Petit Robert)

La PNL fait référence à notre cerveau, grâce auquel nous percevons le monde, enregistrons et classons la masse d'informations que nous envoient nos sens, et dont découlent nos émotions, nos attitudes, nos pensées, mais aussi nos réactions physiologiques.

• Linguistique…

« Science qui a pour objet l'étude du langage, envisagé comme un système de signes. »

(Le Petit Robert)

La PNL renvoie au langage, au travers duquel nous comprenons et conceptualisons ce que nous vivons, communiquons et échangeons avec l'autre. Le langage reflète également la façon dont nous structurons notre pensée et percevons la réalité.

À quoi ça sert ?

Avant tout considérée comme un « art » du discours, la PNL permet non seulement d'optimiser nos échanges (communiquer), mais aussi de développer nos compétences (apprendre) et de modifier certains de nos comportements (changer), afin d'atteindre notre plein potentiel et d'être véritablement nous-mêmes.

La PNL permet, entre autres, de :

- Mieux communiquer avec l'autre
- Découvrir d'autres formes d'échanges
- Percevoir autrement le monde
- Gérer ses émotions
- Se débarrasser de pensées invalidantes
- Apaiser les conflits internes et externes
- Développer ses ressources
- Atteindre ses objectifs
- Découvrir de nouvelles perspectives

Du mauvais usage de la PNL

La PNL reste une approche controversée. Si ses techniques ont fait leurs preuves dans des domaines comme le management, le recrutement, ou encore comme outils thérapeutiques, elles n'ont cependant jamais fait l'objet de véritables études scientifiques. De plus, parce qu'elles sont efficaces, certaines méthodes ont également été détournées au profit de pratiques peu scrupuleuses, comme la manipulation ou des techniques de vente « agressives », voire dans le cadre de dérives sectaires.

C'est à vous !

L'absence de voyelles ne nuit pas forcément à la compréhension d'un message ! En revanche, saurez-vous retrouver les consonnes manquantes ? Pour vous aider, voici celles que nous avons « omises » et leurs occurrences :

C (1), K (1), L (4), M (1), N (3), P (2), R (1), S (1), T (2), V (3).

1. Je suis une célèbre école californienne, pionnière en théorie de la communication…

_A_O A__O

2. Je suis le père fondateur de l'hypnose moderne…

_I__O_ E_I___O_

3. Je suis surtout connu pour mes travaux sur les réflexes conditionnés…

I_A_ _A__O_

Réponses : Palo Alto - Milton Erickson - Ivan Pavlov.

Chapitre II

Les grands principes de la PNL

Tournée vers le « comment », la PNL s'appuie sur quatre grandes notions et fonde son approche de la communication et du développement personnel ainsi que ses outils sur plusieurs principes, qu'elle considère comme vrais.

Les notions essentielles

Les grands principes de la PNL reposent sur quatre piliers, que l'on retrouve dans tous les domaines de la vie :

• **Le rapport**, c'est-à-dire notre capacité à établir un contact afin d'échanger avec l'autre et le monde, de recevoir et d'envoyer des informations, d'écouter et d'être entendu.

• **Les sens**, c'est-à-dire notre capacité à percevoir et observer le monde grâce à nos cinq sens, véritables antennes émotionnelles qui nous guident tout au long de notre vie.

• **Les résultats**, c'est-à-dire notre capacité à aller vers ce que nous désirons et tendre vers des solutions, plutôt que fuir ce que nous ne voulons pas et raisonner en termes de problèmes.

• **La réactivité**, c'est-à-dire notre capacité à nous adapter, à réagir, à faire preuve de souplesse et de flexibilité, afin de changer de stratégie lorsque celle choisie ne fonctionne pas.

Comment ça, comment ?

La PNL s'attache essentiellement au « comment » et laisse volontairement de côté le « pourquoi ». L'important n'est pas de comprendre les raisons qui nous poussent à agir ou à communiquer de telle ou telle manière, mais plutôt comment faire pour nous comporter autrement... C'est pourquoi les techniques utilisées sont rapidement vérifiables et ajustables, ancrées dans le présent et orientées sur l'action plutôt que sur la réflexion.

La réalité est subjective !

« Une chose dont on ne parle pas n'a jamais existé. C'est l'expression seule qui donne la réalité aux choses. »

Georges Rodenbach

Notre vision du monde n'est pas le monde ! Noyés sous un flot toujours plus important d'informations, nous trions et filtrons inconsciemment toutes les informations que nous recevons. Si nos sens, la vue, l'ouïe, l'odorat, le goût, le toucher, nous permettent de tracer les contours et de percevoir le monde qui nous entoure, notre histoire personnelle, nos valeurs, nos croyances, nos goûts, mais aussi notre culture ou la société à laquelle nous appartenons, définissent et façonnent « notre » réalité. Ainsi, selon les sens qu'il privilégie mais aussi son individualité, son unicité, chacun possède sa propre vision du monde.

Tout est « feedback »

Appelé « rétroaction » en français, *feedback* signifie littéralement « nourrir en retour ». C'est « la réaction de ce qui précède par ce qui suit » (*Le Petit Robert*). Si, en communication, il désigne la réponse du récepteur au message de l'émetteur, en PNL, le *feedback* est utilisé dans son sens le plus large : c'est tout simplement la conséquence d'une situation, d'une action ou d'une pensée. Il permet donc de vérifier les effets d'une attitude, d'une parole, d'un comportement, à travers les résultats obtenus en retour, et donne ainsi de précieux indices sur la cause, c'est-à-dire sur ce qui a généré l'effet obtenu.

Seule la réponse fait sens

Il n'y a pas de bonnes ou de mauvaises réponses...
Il n'y a que des réponses en adéquation, ou non, avec ce que nous désirons ! Un échec par exemple n'est que le feedback « négatif » d'un mauvais choix, d'un acte inapproprié ou d'une attitude maladroite... Une pensée, une action, une parole, une attitude trouvent leur signification dans la réponse qu'elles suscitent ou le résultat qu'elles produisent. Et si les effets ne sont pas ceux escomptés, c'est peut-être que la cause n'était pas bonne...

Il n'y a que des intentions positives

> « Quand on veut, on trouve des solutions. Quand on ne veut pas, on cherche des excuses... »
>
> **Anonyme**

Tout comportement, surtout s'il est négatif, possède ce que l'on appelle en PNL un « bénéfice secondaire », c'est-à-dire une intention… positive ! Chacun de nos actes, d'autant plus lorsqu'ils sont « manqués », chaque pensée, chaque attitude, masque une volonté, une envie, un intérêt particulier, et révèle une part inconsciente de notre personnalité. Prêter attention aux intentions profondes permet de mieux comprendre l'autre, mais aussi de cerner nos propres motivations, de découvrir les raisons profondes qui nous empêchent d'avancer et nous enferment dans des comportements, ou une existence, que nous aimerions pourtant changer.

Les ressources sont en nous !

C'est l'un des principes fondamentaux de la PNL. Nous possédons tous les ressources nécessaires pour communiquer, atteindre nos objectifs, réaliser nos rêves, évoluer, changer… Et, si nous ne disposons pas forcément, au moment voulu, des ressources nécessaires, nous sommes tout à fait capables de les acquérir afin de mieux nous exprimer, accéder à de nouvelles connaissances ou changer de comportement.

Le coin du psy

« Faites le point ! Inscrivez un souhait qui vous tient à cœur, quel qu'il soit. Cela peut être d'arrêter de fumer, de reprendre le sport, de ne plus vous mettre en colère, de demander une augmentation… »

1. Quelles sont, aujourd'hui, les qualités et les compétences que vous possédez pour réaliser ce souhait ?

2. Qu'est-ce qui vous freine, vous empêche de vous lancer ?

3. Que vous manque-t-il pour y arriver ?

Nous sommes « communication »

Nous ne pouvons pas ne pas communiquer ! Si les mots, les phrases, nos propos, nous permettent de faire passer un message au travers du langage, ils ne sont pas pour autant notre unique moyen d'expression. Loin de là ! Notre regard, nos gestes, nos attitudes, nos silences, notre présence, voire notre absence, mais aussi notre démarche, notre façon de nous habiller, la manière dont nous structurons nos propos, les temps que nous employons, les mots que nous choisissons, les endroits que nous fréquentons, ce que nous faisons… tout notre être communique, contribue à envoyer des informations et à engendrer, en retour, une réponse.

> « *Tout parle dans l'univers. Il n'est rien qui n'ait son langage.* »
> **Jean de La Fontaine**

Une question de choix

Si nous avons parfois l'impression « de ne pas avoir le choix », que ce soit professionnellement ou sentimentalement, nous sommes pourtant les seuls maîtres à bord… Faire des choix, aussi difficiles soient-il parfois, prendre des décisions en adéquation avec ce que nous sommes et nous y tenir, sont cependant indispensables à notre équilibre. Mais encore faut-il être à même d'explorer d'autres perspectives, savoir prendre conscience de nos atouts, et découvrir ce qui nous freine et nous motive véritablement.

C'est à vous !

Reliez les points ci-dessous et découvrez ce à quoi peut vous conduire la PNL !

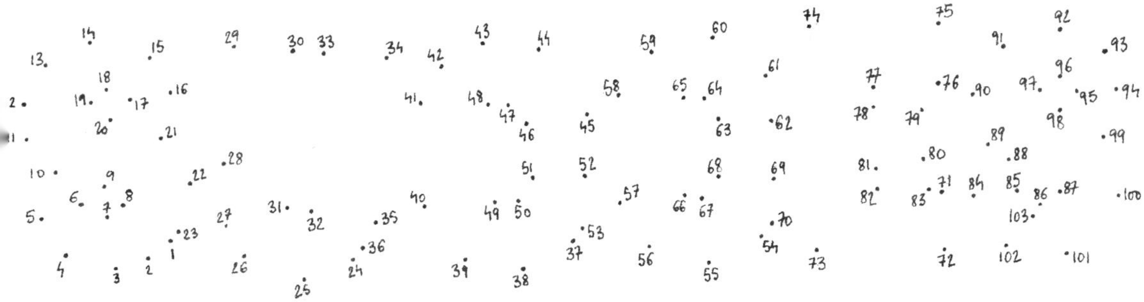

Chapitre III

La PNL au quotidien : prenez votre vie en main !

Résolument pratique, la PNL peut non seulement nous aider à mieux communiquer avec les autres, à porter un autre regard sur le monde qui nous entoure, mais également nous permettre de modifier certains de nos comportements, afin d'aller vers plus d'efficacité et de bien-être.

Communiquer, apprendre, changer…

Nos pensées, nos attitudes, des scénarios de vie « handicapants » sont autant de freins qui nous enferment dans des modèles de comportements et nous empêchent de nous exprimer correctement ou de nous réaliser.
Les techniques employées en PNL nous donnent les outils pour changer notre vision du monde, apprendre à regarder autrement, modifier nos attitudes, transformer nos croyances et surmonter nos peurs. Cependant, l'apprentissage de nouveaux modèles de comportement et le changement ne peuvent prendre forme qu'à partir de nos capacités d'observation et notre volonté d'agir.

Définitions

Communication

1. Fait d'établir une relation avec quelqu'un, quelque chose.
Syn. : liaison, rapport.
2. Passage ou échange de messages entre un émetteur et un récepteur, au moyen de signes et de signaux.
Syn. : sémiotique.

Apprentissage

1. Processus permettant d'améliorer ses performances en fonction de ses « expériences » propres.
2. Processus d'acquisition des automatismes sensori-moteurs et psychiques (psycho.).
Syn. : expérience, initiation.

Changement

État de ce qui évolue, se modifie, ne reste pas identique.
Fait d'abandonner une chose pour une autre.
Syn. : évolution, modification, bouleversement. *(Le Petit Robert)*

Appréhender autrement la réalité

Découvrir notre mode de perception, mais aussi savoir le décrypter chez l'autre et développer ceux que nous utilisons moins, c'est nous ouvrir vers d'autres formes d'échange et de nouvelles sensations.

• Une question… de sens !

La vue, l'ouïe, le goût, l'odorat ou encore le toucher sont de formidables outils au travers desquels nous « filtrons » la réalité, basons nos émotions et communiquons avec le monde. Mais si nous disposons tous de cinq sens, nous avons plutôt tendance à privilégier un certain mode de perception : visuel, auditif ou kinesthésique. Ainsi, les « visuels » s'attachent plutôt aux images, aux formes ou aux couleurs, les « auditifs » prêtent surtout attention aux bruits et aux sonorités et, enfin, les « kinesthésiques » sont plus sensibles à tout ce qui à trait au goût, à l'odorat ou au toucher.

Les filtres de la réalité

Les informations que nous envoient nos sens passent immanquablement par des filtres, façonnés par nos croyances, notre éducation, notre histoire. Ces filtres tendent à déformer notre vision du monde de 3 manières différentes :

• Par omission : lorsque nous sélectionnons volontairement ou non certaines informations et ne retenons qu'une partie du message.
Ex. : « Tu rentres tard ! Ça s'est bien passé ta réunion ?
– Tu trouves toujours que je rentre trop tard ! »

• Par distorsion : lorsque nous interprétons certaines informations, prêtant à l'autre ou à ce que nous percevons des intentions, des valeurs.
Ex. : « Tu vas me trouver bête, mais je n'ai rien compris à ce film ! »

• Par généralisation : lorsque nous faisons d'un fait unique une vérité, quelle que soit la situation que nous vivons.
Ex. : « C'est toujours sur moi que ça tombe ! »

• Apprenez à observer

Essayez de regarder le plus objectivement possible ce qui vous entoure. Ne vous jugez pas et évitez de cataloguer l'autre sur des dires, des actes ou des attitudes. Passez outre vos premières impressions, cherchez à voir plus loin, essayez de découvrir ce qui peut se cacher derrière les apparences. Ce n'est qu'à partir de cette observation « objective » que vous pourrez davantage cerner l'autre, modifier votre façon d'être et « reproduire » des attitudes positives !

C'est à vous !

À chaque sens correspondent des expressions qui définissent la manière dont nous percevons la réalité. Sauriez-vous reconnaître le mode de perception sous-jacent à chacune de ces phrases (Visuel, Auditif ou Kinesthésique) ?

A. « Je ne le sens pas cet entretien ! »	☐V	☐A	☐K
B. « Ça sonne faux ton histoire ! »	☐V	☐A	☐K
C. « Je ne peux pas la voir en peinture ! »	☐V	☐A	☐K
D. « Je vais te montrer... »	☐V	☐A	☐K
E. « Décidément, tu as du flair ! »	☐V	☐A	☐K
F. « Écoute ce que j'ai à dire. »	☐V	☐A	☐K
G. « Elle prend trop les choses à cœur... »	☐V	☐A	☐K
H. « Je ne vois pas où tu veux en venir ? »	☐V	☐A	☐K
I. « Lui et moi, nous sommes sur la même longueur d'onde. »	☐V	☐A	☐K

Réponses : Visuel : C, D, H – Auditif : B, F, I – Kinesthésique : A, E, G.

• Nos programmes internes de fonctionnement

Nous fonctionnons tous selon « des programmes préétablis » appelés métaprogrammes. Ce sont des filtres inconscients que nous appliquons et combinons pour traiter les informations que nous recevons et y répondre en adoptant un comportement particulier. Ils se construisent d'après nos expériences, notre éducation, nos croyances, évoluent dans le temps et peuvent être modifiés.

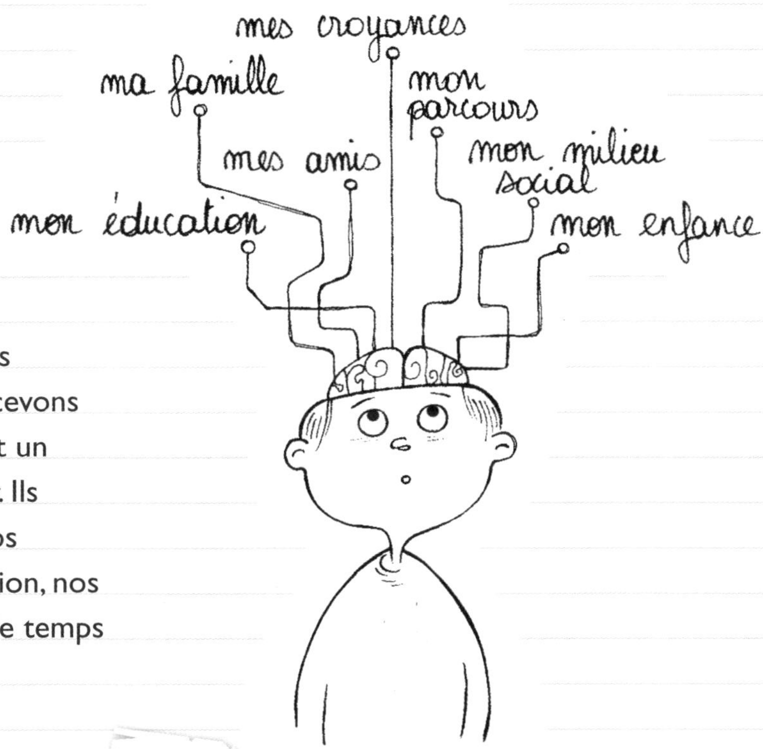

Faire de l'inconscient notre allié

Notre cerveau gouverne la totalité de notre être, du corps (les réactions physiologiques) à l'esprit (les émotions, les peurs, les croyances, les souvenirs...). Il possède son propre fonctionnement. Ainsi, notre inconscient retient surtout ce qui est important pour notre survie, ce qui est nouveau et ce qui est émotionnellement chargé. Il a besoin d'être orienté et guidé et doit toujours être occupé. En revanche, il ne reconnaît pas la négation... Alors, n'hésitez pas à lui affirmer ce que vous pensez !

Il existe plusieurs métaprogrammes, tous combinables les uns avec les autres. Certains définissent davantage un type de personnalité, alors que d'autres décrivent la manière de traiter et de réagir à une situation donnée :

Introverti/Extraverti : solitaire, l'introverti a besoin d'être seul alors que l'extraverti, sociable, aime être toujours entouré.

Sensible/Intuitif : le premier se fie à ses sens, à ce qu'il perçoit tandis que le second suit son instinct, son intuition.

Logique/Sentimental : une personnalité « logique » s'appuiera sur une opinion, des faits, des actes. Un sentimental se référera davantage à des valeurs, des émotions, des sentiments.

Proactif/Réactif : le premier a tendance à juger et préfère foncer alors que le réactif a besoin de réfléchir et prend peu d'initiatives.

Rapprochement/Éloignement : les décisions, les actes peuvent soit se « rapprocher » du plaisir, c'est-à-dire être orientés vers le but, soit « s'éloigner » de la douleur, c'est-à-dire fuir ce qui ne convient pas.

Options/Procédures : le premier métaprogramme fait référence à la nouveauté, au besoin de tester de nouvelles méthodes. Le second, plus « traditionaliste », s'appuie sur ce qui a été testé et approuvé.

Interne/Externe : un mode de fonctionnement interne s'appuie sur le jugement personnel, tandis qu'un mode de fonctionnement externe nécessite l'avis de l'autre, le feedback.

Global/Spécifique : les personnes « globales » s'attachent davantage à une vision d'ensemble, sans se perdre dans les détails, alors que les individus « spécifiques » ont besoin d'entrer dans le vif du sujet et de découper l'information point par point.

Similitudes/Différences : dans une situation nouvelle par exemple, ce métaprogramme pousse soit à rechercher des similitudes avec ce qui a déjà été vécu, ce qui est connu, soit à pointer ce qui diffère, à s'intéresser à la nouveauté, au changement.

Le coin du psy

Découvrez quels sont vos « métaprogrammes » personnels. Pour chaque question, évaluez vous.

On dit de vous que vous êtes plutôt solitaire (introverti) ou plutôt sociable (extraverti) ?

Vous fiez-vous plutôt à ce que vous percevez (sensible) ou préférez-vous suivre votre intuition (intuitif) ?

L'important, c'est ce que l'on fait (logique) ou ce que l'on dit (sentimental) ?

Cherchez-vous à adapter votre environnement à ce que vous voulez (proactif) ou plutôt à vous adapter à votre environnement (réactif) ?

Vous préférez la carotte (aller vers le plaisir) (rapprochement) ou le bâton (fuir ce qui ne vous convient pas) (éloignement) ?

Vos décisions s'appuient-elles plutôt sur tout ce que vous allez gagner (options) ou découlent des conséquences d'une situation (procédures) ?

Vous reposez-vous sur vous-même (interne) ou avez-vous besoin de l'avis de l'autre pour agir (externe) ?

Préférez-vous résumer (global) ou décrire (spécifique) ?

Avez-vous besoin de stabilité, d'un environnement connu (similitudes), ou de changement, de nouveauté (différences) ?

Se réaliser et s'affirmer

Nos croyances et nos valeurs émanent directement de notre inconscient et façonnent « notre réalité ». Issues de notre expérience et de notre éducation, elles influencent nos comportements et déterminent notre façon d'être.

• La portée de nos croyances

Les petites phrases anodines que nous avons entendues étant plus jeunes (*« Qu'est-ce que tu es maladroite ! »*), celles que nous nous répétons inlassablement (*« Je suis toujours à la traîne… »*) peuvent être autant de sources de motivation et de bonheur… que d'échecs et de mal-être. En apprenant à repérer ces croyances, souvent erronées, en détectant les mécanismes qui nous conduisent à adopter telle ou telle attitude, puis en apprenant à formuler autrement ce que nous percevons de la réalité, nous pouvons modifier certains de nos comportements, générer d'autres réponses et aller vers plus de réussite et d'épanouissement.

• Le sens de nos valeurs

Les valeurs que l'on nous a inculquées ainsi que celles auxquelles nous adhérons sont à la base de notre motivation. Ce sont elles qui orientent nos gestes, nos actes, nos choix, nos décisions. Propres à chacun d'entre nous, elles s'articulent par ordre d'importance et peuvent varier au cours de notre vie. Certains par exemple seront surtout motivés par le fait d'être en bonne santé, de s'épanouir et accorderont plus d'importance à la famille, alors que d'autres privilégieront l'amitié, la liberté ou le travail. Connaître notre échelle de valeurs est indispensable pour donner un sens à notre vie et être véritablement nous-mêmes.

La congruence

En PNL, la congruence signifie que nous sommes en accord avec nous-mêmes, lorsque notre environnement, notre comportement, nos capacités, nos croyances, notre identité sont en parfaite adéquation et suivent la même logique. Nos actes et nos dires correspondent alors à ce que nous pensons et tout notre être, intérieurement et extérieurement, tend vers un même but. La congruence conduit au bien-être et à la réalisation personnelle.

Changer

Que ce soit pour comprendre comment nous fonctionnons, modifier certaines facettes de notre vie, ou changer pour aller vers plus de bien-être, nous devons nous poser et être capables de répondre à six grandes questions, essentielles à notre réalisation personnelle.

> « Commencez par changer en vous ce que vous voulez changer autour de vous. »
>
> **Gandhi**

• Les niveaux logiques

Imaginés par Robert Dilts, enseignant et consultant en PNL, les niveaux logiques représentent les différents paliers sur lesquels repose « notre » réalité et définissent notre identité. Ils vont du général (l'environnement) au particulier (l'identité), et tendent vers un même but. Chaque niveau est intimement lié à celui qui le précède ou le suit et répond à une question, qui permet de cerner ce que nous sommes et ce vers quoi nous souhaitons aller. Les niveaux logiques permettent de mieux cerner la structure de nos problèmes, l'origine de conflits, internes ou externes, et peuvent nous guider dans un processus de changement, lorsque nous voulons sortir des schémas qui ne nous réussissent pas ou atteindre un objectif, personnel ou professionnel.

• **L'environnement (où et quand) :** il correspond à ce qui nous entoure, à l'extérieur, au « cadre » dans lequel nous vivons.
• **Le comportement (quoi) :** il comprend les actions, les réactions ou encore les attitudes qui façonnent notre environnement.
• **Les capacités et compétences (comment) :** elles représentent le savoir-faire, les aptitudes et les connaissances qui vont déterminer notre comportement.
• **Les croyances et les valeurs (pourquoi) :** c'est le niveau de la motivation, de ce que nous nous permettons ou pas, de ce qui renforce ou amoindrit nos capacités et nos compétences.
• **L'identité (qui) :** elle représente notre personnalité profonde, ce que nous sommes.
• **Le but (dans quel but, pour qui) :** au sommet de la pyramide, ce niveau peut être considéré comme un idéal, le sens que nous voulons donner à notre vie.

C'est à vous !

Construisez votre pyramide ! Notez ce qui vous définit, ce qui est important pour vous, afin de déterminer les ingrédients nécessaires à votre bien-être. Attention, plus vous grimpez dans la pyramide, plus les changements à apporter seront importants…

Votre but

____

Votre identité

____

____

Vos croyances & vos valeurs

____

____

Vos capacités & vos compétences

____

____

Vos comportements

____

____

Votre environnement

____

____

Test

Quel communicant êtes-vous ?

1. Votre boss vous convoque dans son bureau sur un dossier « sensible »…

❍ Vous êtes surpris : vous préparez vos arguments, au cas où…

✿ Vous êtes ravi : vous allez en profiter pour lui présenter votre dernière idée.

♥ Vous êtes stressé : vous vous demandez ce qu'il peut bien avoir à vous dire.

2. En public, vous êtes plutôt :

♥ Tétanisé.

✿ À l'aise.

❍ Tendu.

3. Pour vous, un message est passé quand…

♥ Vous êtes sûr de vous être fait comprendre.

❍ Vous avez exposé tous les faits.

✿ Vous avez dit tout ce que vous vouliez dire.

4. Un de vos amis vient de se faire licencier. Il est catastrophé. Vous lui dites :

✿ *« Mince ! Attends de savoir ce qui s'est passé dans ma boîte… »*

❍ *« La tuile ! Que veux-tu, c'est la crise pour tout le monde… »*

♥ *« Mon pauvre ! C'est terrible ! Tu dois être dégoûté ! »*

5. Votre conjoint vous reproche votre attitude…

✿ Vous arrivez à retourner habilement la situation.

♥ Vous vous en voulez et vous excusez rapidement.

❍ Vous lancez une longue conversation pour vous justifier.

6. Au travail, vous avez plutôt tendance :

♥ À vous ranger à l'avis du plus grand nombre.

✿ À donner votre point de vue et exposer vos idées.

❍ À faire le dos rond pour éviter les conflits.

7. Vous avez des formalités à remplir et le guichetier s'avère peu accueillant :

❍ Vous allez vers lui, énervé, et lui faites comprendre que vous êtes pressé.

✿ Vous allez vers lui en souriant et lui dites bonjour.

♥ Vous allez vers lui timidement et lui demandez si vous pouvez le déranger.

8. Vous êtes contrarié :

♥ Vous prenez sur vous et attendez le bon moment.

❍ Vous ruminez et attendez d'être à bout.

▼ Vous le dites immédiatement.

9. Il vous arrive une tuile ! Vous vous dites :

✿ *« Je vais me débrouiller ! »*

♥ *« Je ne vais jamais y arriver ! »*

❍ *« Comment je vais faire ? »*

10. Un ami vous appelle et vous lance un très sérieux : *« Faut que je te parle »*. Que lui répondez-vous ?

❍ *« Qu'est-ce qui se passe encore ? »*

✿ *« Pas le temps, je te rappelle ! »*

♥ *« Vas-y, je t'écoute… »*

Résultats page 63

Chapitre IV

Mieux communiquer grâce à la PNL

Plusieurs techniques de PNL sont des outils simples et pratiques dont nous pouvons nous servir au quotidien, que ce soit pour faire passer un message, mieux cerner notre interlocuteur ou encore écouter – et entendre – ce qu'il a à nous dire. À vos outils, prêt... communiquez !

Établir le rapport

> « Entre ce que je pense, ce que je veux dire,
> ce que je crois dire, ce que je dis, ce que vous avez
> envie d'entendre, ce que vous entendez, ce que
> vous comprenez… Il y a 10 possibilités
> qu'on ait des difficultés à communiquer !
> Mais essayons quand même… »
>
> **Bernard Werber**

Avant tout échange, il est indispensable d'établir un rapport, un contact avec notre interlocuteur. Les liens que nous tissons reposent avant tout sur notre attitude, une confiance réciproque et un respect mutuel. Si le « rapport » se crée spontanément avec nos proches, il est parfois moins évident dans la vie professionnelle et peut même devenir difficile dans certaines situations, lorsque les différences (les croyances, le style, le milieu social…) sont véritablement marquées.

Il existe plusieurs niveaux pour établir un rapport. Cela commence par notre apparence, les lieux ou le style de personnes que nous fréquentons. Puis viennent nos compétences, nos centres d'intérêt et, enfin, nos croyances, nos valeurs, notre identité profonde… En général, le lien se fait naturellement, de manière intuitive.

• Pour établir le contact

- Concentrez-vous sur votre interlocuteur afin de comprendre ce qui est important pour lui, ce qui l'intéresse, ce qui éveille sa curiosité.
- Adoptez le même style de discours (familier, soutenu, jovial…), les expressions qu'il emploie, les mêmes mimiques…
- Faites passer votre message de la même manière que lui : entrez dans les détails ou soyez synthétique, exposez des faits ou laissez parler vos sens…
- Calez-vous sur son rythme : sa respiration, le ton de sa voix, son attitude ou encore sa posture…
- Essayez de cerner le message sous-jacent de son discours. Que cachent ou révèlent ses propos ? Son attitude, son discours « paraverbal » est-il cohérent avec ce qu'il énonce ?
- Respectez ses croyances et ses valeurs.

Le coin du psy

1. « Comment engagez-vous une conversation avec quelqu'un que vous ne connaissez pas ? »

2. « Comment établissez-vous le contact ? »

3. « Quelle première impression pensez-vous ou cherchez-vous à laisser ? »

Les positions perceptuelles

Que ce soit pour établir le contact, envisager des solutions ou saisir toutes les facettes d'une conversation comme d'une situation, il est intéressant de pouvoir changer de perspective. Lorsque nous avons du mal à comprendre le point de vue de l'autre ou que nous n'arrivons pas à faire passer un message, à trouver une solution, nous pouvons modifier notre position afin de percevoir ce que nous vivons sous plusieurs angles…

Il existe trois positions perceptuelles :

- **La première position** : c'est notre place, celle que nous prenons spontanément, sans forcément nous soucier de ce que peut ressentir l'autre ou de ce que nous laissons paraître.
- **La deuxième position** : elle consiste à nous mettre à la place de l'autre, à essayer d'adopter son mode de communication, à cerner ses besoins, son ressenti…
- **La troisième position** : c'est celle d'un observateur extérieur, détaché de la conversation ou de la situation. Elle permet d'observer la scène avec davantage de recul et de prendre en compte le point de vue de chaque protagoniste.

L'écoute active

On entend par écoute active, une conversation centrée sur l'autre, dans laquelle le récepteur s'efface pour accompagner et relancer le discours.

Ce style de communication se retrouve beaucoup en relation d'aide, ou encore dans certaines formes de psychothérapie.

Cette forme d'écoute, qui demande de prêter attention au sens caché du discours (attitudes, mimiques, tonalité, mots employés…), sans jugement ni interprétation, est utile pour résoudre des conflits, envisager des solutions, comprendre ou aider l'autre dans des moments difficiles et lui permettre de formuler ce qui lui pèse.

• Pour favoriser l'écoute active

- Instaurez un climat de confiance avec votre interlocuteur.
- Ponctuez le discours de mots et de signes qui l'incitent à poursuivre.
- Relancez-le afin de l'inciter à aller plus loin dans ses pensées.

La synchronisation

Pour correctement faire passer un message, il est indispensable… de parler le même langage ! Autrement dit, de se « synchroniser » sur son interlocuteur. La synchronisation consiste à adopter la même structure de discours, le même vocabulaire, un ton, un débit et des postures identiques, voire les mêmes émotions que notre interlocuteur. Il n'est pas question d'imiter, mais plutôt de se mettre sur la même longueur d'ondes. À l'opposé, la désynchronisation peut aussi être utile dans certaines situations : employer un ton calme et posé face à un interlocuteur colérique, ou rassurant face à quelqu'un d'anxieux…

L'espace de communication

Il existe des limites précises, physiques et psychologiques, liées au degré d'intimité que nous avons avec notre interlocuteur. Ainsi, on parle de « distance intime », à moins de 30 cm, de « distance personnelle », à 1 m environ, de « distance sociale », entre 1 m et 2,50 m, ou encore de « distance publique », à plus de 3 m, lors d'une conférence par exemple. Optimiser sa communication, c'est jouer avec ces distances… qui varient également selon l'éducation, la culture ou la société dans laquelle nous nous trouvons.

La reformulation

« Dans votre bouche, comme dans celle de tout le monde, "il a tort" veut dire "il ne pense pas comme moi". "Il a raison" signifie "il est de mon avis". »

Alphonse Karr

Reformuler un discours, c'est synthétiser ce qui vient d'être dit, sans interpréter ni juger les propos formulés, afin de s'assurer que le message est bien passé et que nous en avons véritablement saisi le sens. La reformulation, outil de l'écoute active, permet également de relancer une conversation, d'inciter l'interlocuteur à aller plus loin dans son discours, voire d'appréhender autrement une situation en utilisant d'autres mots.

Mais ? Il n'y a pas de mais !

Cette simple conjonction de coordination peut faire toute la différence ! Souvent employé pour introduire une autre idée, « mais » focalise l'attention sur la partie de la phrase qu'il introduit. En revanche, « et » permet également d'exposer une autre idée, mais incite à retenir les deux informations qu'il associe. Une astuce qui peut, parfois, éviter certains malentendus...

La métaphore

Effet de style adulé des poètes, auteurs et autres créatifs, mais également utilisé par certains thérapeutes et « grands communicants », la métaphore permet d'exprimer une idée, une émotion, un sentiment en utilisant des images, plus parlantes. Puissante et efficace, aux frontières de l'onirisme, elle s'adresse directement à l'inconscient.
La métaphore se retrouve également dans les expressions populaires (*« Elle a toujours un pet de travers »*), les citations et les proverbes (*« Mieux vaut un petit chez soi qu'un grand chez les autres ! »*), les contes, mais aussi une image, un objet...

C'est à vous !

Laissez courir votre imagination et jouez avec les mots !
Décrivez ou dessinez trois émotions, agréables ou désagréables, ou encore une situation particulière de manière imagée !

L'observation et le calibrage

Pour communiquer, nous utilisons trois modes d'expression : le « verbal », qui fait référence aux mots et à la forme du discours, le « paraverbal », qui renvoie à l'organe du langage, c'est-à-dire l'intonation, la voix (le timbre, le débit, le volume), et enfin le « non-verbal », qui concerne la gestuelle, la posture, la respiration. En fait, le sens des mots n'entre que pour une toute petite part dans la compréhension d'un message ! C'est essentiellement la communication non verbale, soit l'intonation et la gestuelle, qui permet de faire passer plus de 90 % de l'information. Ainsi, observer, puis calibrer, c'est-à-dire analyser notre interlocuteur et ce qu'il nous renvoie, nous permet d'ajuster notre discours, de nous assurer que nous nous sommes bien fait comprendre et, le cas échéant, de modifier notre manière de communiquer.

Dis-moi tout !

• **L'observation :** elle consiste à étudier l'aspect non verbal du discours de notre interlocuteur. Un changement dans le ton de sa voix, ses mimiques, ses attitudes, la direction de son regard offrent de précieuses indications sur le véritable sens de ses propos, leur véracité, mais aussi sur le degré d'écoute, le style de relation, voire l'humeur ou le ressenti de notre interlocuteur.

• **Le calibrage :** c'est la conclusion de l'observation. En fonction des indices relevés et de l'état dans lequel se trouve notre interlocuteur (détendu, nerveux, inquiet…), nous pouvons adapter nos propos ou notre écoute.

• Ces gestes qui nous révèlent…

Au-delà du ou des sens que nous privilégions pour nous exprimer, tout notre corps communique également : chaque sentiment, chaque pensée, chaque trait de caractère, chaque envie possède une « traduction corporelle », souvent inconsciente.
Étudier et déchiffrer ce langage corporel, le sens caché de nos gestes, peut nous permettre de mieux cerner notre interlocuteur et d'adapter notre discours, d'un point de vue personnel, nous pouvons aussi décider de privilégier les attitudes positives, qui nous donnent de la force et renforcent notre discours !

• À quoi penses-tu ?

Le mouvement des yeux de notre interlocuteur nous apprend beaucoup sur le sens auquel il fait appel, mais également sur la teneur de ses propos. Si ses yeux regardent :

- **En haut et à droite :** il crée une image (visuel créé).
- **En haut et à gauche :** il se souvient d'une image (visuel évoqué).
- **Latéralement et à droite :** il imagine un son, une conversation (auditif créé).
- **Latéralement et à gauche :** il se souvient d'un son, d'un discours (auditif évoqué).
- **En bas et à droite :** il fait appel à ses émotions (kinesthésique).
- **En bas et à gauche :** il dialogue intérieurement (auditif interne).
- **S'il regarde droit devant :** il est ouvert, réceptif à ce qui est nouveau ou différent.

Visuel créé

Visuel évoqué

Auditif créé

Le coin du psy

« Quel(s) sens privilégiez-vous ?
Que retenez-vous plus particulièrement
de quelqu'un, d'un événement, d'un lieu ? »

« Quels sont vos tics de langage ? Quels mots ou quelles expressions reviennent le plus souvent lorsque vous parlez ? »

« Quels gestes faites-vous machinalement lorsque vous parlez ? Lorsque vous écoutez ? Comment vous tenez-vous lorsque vous êtes assis ? »

Auditif évoqué

Kinesthésique

Auditif interne

Chapitre V

Se réaliser et s'affirmer grâce à la PNL

La PNL propose également plusieurs outils pour atteindre nos objectifs, gérer nos émotions, développer la confiance en soi, transformer nos peurs, modifier nos croyances, viser la réussite et l'épanouissement personnel... Alors, prêt pour révéler le meilleur de vous-même ?

« Le commencement est beaucoup plus que la moitié de l'objectif. »

Aristote

Atteindre ses objectifs

Que serait notre existence si nous nous laissions porter par le courant, sans savoir où nous allons, ni où nous avons envie d'aller ? Que ce soit pour régler des problèmes, changer, s'épanouir ou réaliser ses rêves, nous avons tous besoin de nous fixer des objectifs… et de les atteindre ! Ils sont une source presque intarissable de motivation, de satisfaction et de réalisation.

• Le modèle SMART

Fréquemment utilisé en management, mais aussi dans un cadre plus personnel, le modèle SMART est un moyen mnémotechnique permettant de définir les principales caractéristiques qui conduisent à la réalisation d'un objectif.
Si la PNL propose des outils efficaces, c'est avant tout votre envie de changer certaines facettes de votre personnalité, de tester de nouveaux modes de fonctionnement et la certitude que vous en êtes capable qui vous permettront d'aller de l'avant. Soyez curieux, osez aller vers l'inconnu, découvrir autrement le monde qui vous entoure et agissez ! Cela ne tient qu'à vous… et à vous seul !

N'oubliez pas !

- Pensez à ce que vous voulez, plutôt qu'à ce que vous ne voulez pas.
- Soyez écolo : votre objectif ne doit pas nuire à votre environnement (familial, professionnel, social…)
- Projetez-vous dans l'avenir : imaginez-vous une fois cet objectif atteint.
- Lancez-vous : seule l'action génère un changement !

S Pour **spécifique**

Un objectif doit être clair, précis, compréhensible et sans ambiguïté. Il doit être formulé de manière affirmative, appuyé par un verbe d'action et éviter le conditionnel.

M Pour **mesurable**

Un objectif doit être découpé en différentes étapes, chacune quantifiable, mesurable et vérifiable, afin de régulièrement contrôler son avancée.

A Pour **atteignable**

Un objectif doit être… objectif ! C'est-à-dire cohérent avec sa personnalité, ses envies, ses goûts, ses compétences, son mode de vie. Si se dépasser peut être moteur, un objectif inatteignable ou utopique peut anéantir la plus grande volonté !

R Pour **réaliste ou rattaché à un projet**

Un objectif doit s'inscrire lui-même dans un grand projet : avoir une meilleure santé, changer de rythme de vie, développer la confiance en soi…

T Pour **temporellement défini**

Un objectif possède toujours une finalité. Il ne suffit pas de se donner les moyens pour l'atteindre. Il faut également lui donner une échéance… et s'y tenir !

Le coin du psy

« Pour correctement déterminer votre objectif, quel qu'il soit, et définir les différentes étapes qui vont vous y conduire, vous devez pouvoir répondre aux six questions suivantes » :

1. Qu'est-ce que je veux vraiment ?

2. Qu'est-ce que cela va m'apporter ?

3. Comment, quand et grâce à quoi saurai-je que j'ai atteint mon objectif ?

4. Existe-t-il un ou des inconvénients à la réalisation de mon objectif ?

5. Qu'est-ce qui m'empêche, aujourd'hui, d'atteindre mon objectif ?

6. De quoi ai-je besoin pour l'atteindre ?

Mon objectif est :

L'ancrage

Inspiré des travaux de Milton Erickson, psychiatre et psychologue américain célèbre pour son approche innovante de l'hypnose thérapeutique, l'ancrage consiste à associer une « réponse prédéfinie » à un stimulus. Cette technique fonctionne sur le même principe que celle utilisée par Pavlov, psychologue reconnu pour ses travaux sur le comportement animal.

En PNL, une « ancre » correspond à un geste, une image ou un son, qui renvoie à une émotion positive ou à un comportement approprié, et que l'on utilise pour contrôler nos émotions, alléger le poids de certains souvenirs, renforcer nos aptitudes, notre motivation, notre courage. Nous pouvons créer une ancre pour gérer un moment particulier, mais également « programmer » une attitude, un état plus général, que nous pourrons « appeler » dès que nous en ressentons le besoin.

• Pour créer une « ancre »

1. Repensez à un moment où vous vous êtes senti particulièrement bien, heureux, confiant, gai, sûr de vous…

2. Laissez-vous envahir par vos sensations, les images, les sons, les odeurs, et revivez ce moment dans les moindres détails.

3. Lorsque vous êtes pleinement dans l'état recherché, associez brièvement une « ancre », visuelle (une image, une couleur…) ou kinesthésique (un parfum, un geste…). Elle sera le déclencheur qui vous renverra dans cet état.

4. Actionnez cette « ancre » dès que vous en ressentez le besoin.

Le coin du psy

« Imaginez une situation dans laquelle vous aimeriez être plus à l'aise (prendre la parole en public, mobiliser vos moyens pour remporter un contrat important…) ou une attitude qui vous handicape au quotidien (crises d'angoisse, accès de colère, émotivité…), puis créez votre ancre personnelle. »

1. La situation que je souhaite « ancrer » :

2. L'état, l'émotion, l'attitude que je recherche :

3. Mon « ancre » :

La modélisation

« La parole entraîne,
l'exemple enseigne. »

Joseph Joubert

La modélisation consiste à prendre exemple sur quelqu'un, soit en reproduisant certaines facettes ou attitudes (sa manière de marcher, sa voix, son enthousiasme...), soit en imaginant la façon dont cette personne réagirait si elle était à notre place : quelle solution choisirait-elle, comment s'exprimerait-elle, quelle réaction aurait-elle ?

Dès notre plus jeune âge, nous construisons en partie notre identité sur des modèles. Nous commençons par prendre exemple sur nos parents, nos frères et sœurs, nos camarades de classe, puis plus tard, sur un prof, un « mentor », quelqu'un que nous admirons. Ce mécanisme, qui s'observe également chez les animaux, est à la base de l'apprentissage, de la progression, et nous permet d'élargir notre façon de penser.

C'est à vous !

Collez la photo de personnes que vous admirez ou nommez-les. Il peut s'agir d'un ami, d'un collègue, mais aussi d'un acteur ou d'un personnage public. Puis, notez ce qui vous plaît particulièrement (une expression, un style de vêtement, le ton de la voix, un parfum...), afin d'adopter cette facette de leur personnalité.

J'admire...

Parce que j'aime :

J'admire...

Parce que j'aime :

J'admire...

Parce que j'aime :

J'admire...

Parce que j'aime :

L'association et la dissociation

Selon notre état d'esprit, nous percevons différemment ce que nous vivons. Nous pouvons donc décider de quelle façon appréhender la réalité, vivre nos émotions ou nous remémorer nos souvenirs.

L'association et la dissociation consistent à nous souvenir ou à imaginer un épisode de notre vie de deux manières : en tant qu'« acteur », en le « ressentant » de l'intérieur, ou en tant que « spectateur », en le regardant de l'extérieur. Les sens ainsi que les détails auxquels nous nous attachons ne seront alors plus les mêmes.

Au quotidien, cette technique peut nous permettre d'amplifier ou d'amoindrir ce que nous ressentons, de réduire l'impact d'un sentiment douloureux, d'ajuster des informations liées à certains souvenirs, ou encore d'envisager différemment une situation.

Le recadrage

« Prends un peu de recul ! », « Il m'est arrivé la même chose ! », « Ne te focalise pas là-dessus ! »... Qui n'a jamais entendu ces petites phrases, parfois difficiles à admettre mais souvent criantes de vérité ! Lorsque nous sommes préoccupés par quelque chose, nous avons souvent tendance à nous concentrer uniquement ce qui nous pose problème.

« Ce que nous accomplissons
à l'intérieur modifie
la réalité extérieure. »

Otto Rank

Le recadrage consiste à replacer un événement dans un contexte plus large, à relativiser ce qui nous arrive. Tout ce que nous vivons, de positif ou de négatif, s'inscrit dans un grand tout et nous pousse à nous améliorer, à donner le meilleur de nous-mêmes, à nous enrichir. Le recadrage peut nous permettre de régler des conflits, internes ou externes, de nous apaiser et de prendre conscience de nos ressources.

• Le recadrage en quatre points

Recadrer un souvenir ou réajuster une pensée passe par quatre étapes :

1. Qu'est-ce qui me pose problème ?
Exposez ce que vous vivez de la manière la plus neutre possible, comme si vous deviez relater des faits au journal télévisé par exemple, et décrivez ce que vous ressentez.

2. Qu'est-ce qui, chez moi, est responsable de ce que je ressens ?
Avez-vous peur ? Est-ce que cela vous renvoie à des moments pénibles, révèle une envie, un besoin particulier ? À quelles croyances cela fait appel ?

3. Que peut-il y avoir de positif à cela ?
Existe-t-il une raison à ce problème ? Masque-t-il autre chose ? Que se passera-t-il si je n'y pense plus ? Qu'arrivera-t-il une fois que cela sera résolu ?

4. Comment puis-je régler ce problème ?
Essayez de trouver au moins trois pistes différentes et voyez, pour chacune d'elles, ce qui vous correspond le mieux, ce qui est cohérent avec votre vie, votre entourage, votre personnalité.

N'oubliez pas !

- Relativisez ce qui ne dépend pas uniquement de vous
- Concentrez-vous sur les solutions
- Découpez chaque problème en « petits soucis »
- Projetez-vous, dans le passé ou dans l'avenir, afin de voir comment vous le géreriez
- Agissez ! Les solutions vous apparaîtront spontanément !

Le coin du psy

« Pensez à quelque chose qui vous pose problème et formulez-le de façon précise, en le situant dans son contexte. »

« Que ressentez-vous ? Que voyez-vous ? Est-ce un problème particulier ou une situation que vous avez déjà vécue ? Qu'est-ce que cela engendre ? »

« Situez ce problème par rapport à votre vie présente. Est-il lié au passé ? A-t-il une incidence sur l'avenir ? Pourquoi avez-vous ce problème ? »

« Que pourriez-vous changer pour que cela ne soit plus un problème ? Qu'est-ce que cela vous apportera une fois qu'il sera résolu ? »

Après...

Virginie a bien changé ! Curieuse, elle s'est penchée sur la PNL et a modifié peu à peu sa façon de communiquer et de voir les choses...

Déjà, elle a appris à écouter : *« Si j'ai bien compris ce que tu dis, c'est faisable dans les temps ? »* Grâce aux techniques qu'elle a découvertes, elle cerne beaucoup mieux ce qu'on veut lui dire et s'amuse parfois à « lire entre les lignes » : *« Ne stresse pas ! Regarde, je vais te montrer. »* Si elle est toujours un peu nerveuse avant d'animer des réunions, elle a trouvé une petite astuce qui lui permet de rester concentrée et d'utiliser toutes les ressources dont elle dispose.
Avec son « grand garçon » aussi, le dialogue est revenu. Plus ouverte, moins autoritaire, Virginie a instauré la règle du donnant-donnant, qui leur convient très bien : *« OK ! Tu sors samedi, mais ce soir tu restes à la maison. Ça te va ? »*

Aujourd'hui, non seulement elle arrive vraiment à s'épanouir, que ce soit dans son travail ou en famille, mais elle a aussi beaucoup appris sur elle-même, est arrivée à se défaire peu à peu des croyances qui l'emprisonnaient et s'attache désormais à trouver des solutions. *« S'il n'y a pas de solution, c'est qu'il n'y a pas de problème ! »* clame-t-elle régulièrement !

On fait comme tu as dit maman, je rentre avant minuit !
Vous étiez très bien aujourd'hui, vous nous avez permis de remporter le contrat !

Résultats du test « Quel communicant êtes-vous ? »

Vous avez une majorité de ✿ : **Apprenez à écouter**

Sociable, plutôt bavard, voire prolixe, vous n'hésitez pas à donner votre avis, à vous faire entendre et vous adorez les joutes verbales ! Pour vous, communiquer signifie convaincre et rallier votre entourage à votre point de vue ! Mais êtes-vous capable d'entendre ce que l'on cherche à vous dire ? Essayez d'être plus ouvert aux arguments de l'autre. Ne démarrez pas au quart de tour et prêtez attention à ce que vous recevez en retour… qu'il s'agisse d'un avis ou des conséquences de vos actes.
La PNL peut vous permettre d'apprendre à écouter, à décrypter les messages que l'on vous renvoie, à prêter attention au sens d'un discours, tout en développant vos talents d'orateur !

Vous avez une majorité de ♥ : **Apprenez à vous exprimer**

Réservé, sensible, voire facilement angoissé, vous avez plutôt tendance à rester en retrait et prêtez énormément attention à ce que l'autre dit, pense ou ressent. Pour vous, communiquer signifie écouter… ou vous justifier ! Mais dès que vous devez vous exprimer, vous perdez vos moyens. Osez dire ce que vous pensez, ce que vous avez sur le cœur et ne vous mettez pas tout le temps en retrait. Affirmez-vous, prenez conscience de vos qualités, de vos atouts, de vos envies et ayez confiance en vous !
La PNL peut vous permettre d'apprendre à vous exprimer davantage, à mettre en avant vos atouts et à rester vous-même face à l'autre, tout en développant votre empathie naturelle !

Vous avez une majorité de ❍ : **Apprenez à relativiser**

Réfléchi, perfectionniste, souvent soucieux, vous êtes un modèle de déduction et adorez expliquer les choses. Pour vous, communiquer signifie exposer, détailler et préciser. Mais, à constamment chercher la petite bête, vous vous focalisez sur tout ce qui ne va pas ! Laissez-vous aller à ce que vous ressentez et apprenez à voir le bon côté des choses ! Relativisez, essayez d'être plus souple, plus spontané et profitez davantage de ce que la vie vous offre, même si ça n'était pas « prévu » !
La PNL peut vous permettre de transformer vos croyances, en apprenant à percevoir autrement la réalité et en testant d'autres procédés, tout en perfectionnant vos capacités d'analyse.

Mémo

Découpez et conservez ces fiches dans votre agenda !

Les 10 commandements de la PNL

1. De tes cinq sens tu te serviras
2. D'ouverture, de confiance et de respect tu feras preuve
3. Sur les résultats et les objectifs tu te concentreras
4. De modèles de réussite tu t'inspireras
5. De pensées négatives tu te débarrasseras
6. De souplesse tu développeras
7. De nouvelles perspectives tu découvriras
8. De nouveaux comportements tu essayeras
9. À développer tes ressources tu t'attacheras
10. De ce que tu veux et de ce que tu es tu décideras

N'oubliez pas !

- La réalité est telle que nous la percevons
- Seule la réponse fait sens
- Il n'y a que des intentions positives
- Toutes les ressources sont en nous
- Nous ne pouvons pas ne pas communiquer
- Nous avons toujours le choix

EDITIONS ESI

60, rue Vitruve 75020 Paris
Imprimé en Espagne à Madrid par GRÁFICAS JOMAGAR, SL
Dépôt légal : décembre 2010 - Achevé d'imprimer : novembre 2010
ISBN : 978-2-35355-525-3 - N° Sofédis : S446474